RAPPORT

DE LA

COMMISSION MIXTE DU COMMERCE

ET

MUNICIPALE PROVISOIRE

ALEXANDRIE

IMPRIMERIE DU COMMERCE — 39-41, BOUL. DE RAMLEH.

1880.

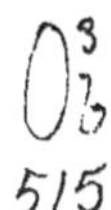

RAPPORT

DE LA

COMMISSION MIXTE DU COMMERCE ET MUNICIPALE PROVISOIRE

Messieurs,

Le 4 mars de l'année dernière, à la veille de l'expiration de son mandat, la Commission spéciale du Commerce d'exportation vous a soumis un rapport des travaux qu'elle avait exécutés du 14 mars 1869 au 1er mars 1879, avec le concours de la Commission Municipale provisoire.

Les représentants du Commerce d'exportation d'Alexandrie, réunis en assemblée générale, approuvèrent le compte-rendu qui leur fut soumis; et, pour témoigner de leur satisfaction, ils résolurent d'élargir le mandat conféré à la Commission spéciale. L'on procèda ensuite à de nouvelles élections pour le renouvellement de cette Commission. Furent élus:

MM. L. Müller,
Ed. Carver,
Tschudi,
G. Frauger,
J. T. Atkin,
E. A. Benachi,
Hammeran,
P. Salvago.

La nouvelle Commission siégea, pendant le dernier exercice, avec la Commission Municipale provisoire sous la présidence de S. E. le Gouverneur d'Alexandrie.

Appréciant, dès ses débuts, les résultats satisfaisants du service spécial organisé précédemment pour l'entretien du pavage des rues, elle nomma une sous-commission chargée d'exécuter les travaux votés par la Commission mixte. Cette sous-commission fut choisie en parties égales, entre les membres nommés par le gouvernement et ceux nommés par le Commerce d'Alexandrie.

Pour justifier pleinement cette création, il suffit d'énoncer que les réparations et l'entretien du dallage, qui étaient confiés jusque là à des entreprises privées et qui nécessitaient de fréquentes et coûteuses réparations, n'ont été l'objet que d'une dépense totale de Lstg. 5.000, tout en ayant exigé l'emploi de 4.795 m. c. de dalles neuves représentant à elles seules une valeur de Lstg. 2.300 environ.

L'expérience faite des travaux de dallage n'a pas été moins satisfaisante, tant au point de vue du bon conditionnement que de l'économie réalisée.

En effet, en comparant la moyenne des contrats passés auparavant avec des entreprises privées et celle des travaux de la sous-commission, il résulte, en faveur de ces derniers travaux, une économie de au moins 15 0/0 ; ce qui rend plus facile le concours des propriétaires riverains.

Malgré cela, nous devons constater, avec regret, que si les travaux votés par la Commission mixte n'ont pas eu, sur tous les points, une activité en rapport avec les ressources exceptionnelles dont elle dispose actuellement, il faut attribuer ce fait au peu de bonne volonté que montrent certains propriétaires à payer leur contribution.

Nous citerons, entr'autres, trois des rues les plus importantes : celle du Collège Italien, celle dite du Canal de Suez, et celle de Toussoum Pacha dont les travaux, bien qu'ordonnancés, n'ont pu encore être commencés.

La Commission n'est pas pour cela restée inactive ; elle ne s'est pas bornée aux travaux qui la concernent tout spécialement.

L'Administration des chemins de fer égyptiens lui proposa l'exécution du dallage de la gare du Gabbary. Ce travail étant incontestablement d'utilité publique, la Commission n'hésita pas à s'en charger en ne réclamant que ses stricts débours. Ces travaux considérables (7.855,30 mètres carrés) ont absorbé une grande partie de nos approvisionnements de dalles et occupé, pendant trois mois environ, plusieurs de nos équipes.

Le rendement de comptes, que nous avons l'honneur de vous soumettre plus loin, fait ressortir un actif de P.T. 2.579.910 24/40 malgré le payement de P.T. 927.230 15/40 d'anciennes dettes.

La récolte abondante de l'année passée a produit, en effet, une recette très-importante que s'est élevée à P.T. 3.279.317 30/40. Les versements opérés par le gouvernement se sont élevés à P.T. 515.000.

D'autre part, la Commission a payé :

P.T. 927.230 15/40 d'anciennes dettes ;

P.T. 500.264 13/40 pour réparations et entretien du dallage ;

P.T. 60.776 22/40 pour le curage des égouts ;

P.T. 100.996 16/40 pour le pavage de 3.584,33 mètres carrés de nouvelles rues, déduction faite, bien entendu, de la part des frais afférente aux propriétaires riverains.

Elle a dépensé en outre :

P.T. 87.719 35/40 pour 12.630 mètres carrés d'empierrements sur la route du cimetière ;

P.T. 21.254 33/40 pour 5.510 mètres carrés d'empierrements sur la route de la chounah de Toussoum Pacha ;

P.T. 13.653 14/40 pour la réparation du vieux pont des écluses.

La Commission s'est décidée à essayer ce système d'empierrement, S. E. le Gouverneur ayant promis son bienveillant concours et ayant donné les ordres nécessaires pour l'arrosage régulier de ces nouvelles voies.

Nous ajouterons à ce rapport un « Etat général des recettes et des dépenses du 15 mars 1869 au 31 mars 1880 ». Il fait ressortir que, jusqu'à ce moment, le Commerce d'exportation a payé :

P.E. 24.073.280 31/40 et que les dépenses occasionnées par l'exécution de divers travaux, se sont élevées à P.T. 23.228.703 20/40.

Ces travaux consistent en 317.952 mètres carrés de dallage, dont 58.024,64 ont été faits par le gouvernement et confies à la Commission pour l'entretien ;

8.837 mètres carrés en petits pavés ;

1.882 mètres carrés de macadam ;

18.140 mètres carrés d'empierrements de chaussée ;

20.979 mètres cubes de construction de quais à Minet-el-Bassal.

La Commission est heureuse de reconnaître, en terminant, le concours efficace donné par S. E. le Gouverneur d'Alexandrie à ses travaux qui tendent à améliorer tous les jours les conditions hygiéniques de notre ville.

Alexandrie, le 15 Mars 1880.

Les Rapporteurs :
Signé : L. Müller,
» E. Kleinmann,
» G. Frauger.

Vu et approuvé
par la Commission Mixte,
Signé : Zulficar, *Président.*
» L. Müller.
» E. Kleinmann,
» C. G. Zervudachi,
» Ed. Carver,
» P. Salvago,
» J. Lumbroso,
» Athanasiadis,
» E. A. Benachi,
» G. Frauger.

Le Secrétaire,
Signé : Cesare Lunel.

EXERCICE DE LA COMMISSION MIXTE DE COMMERCE ET MUNICIPALE PROVISOIRE D'ALEXANDRIE

du 1er Mars 1879 au 31 Mars 1880.

Solde en caisse au 1er Mars 1879			P. 67.060 29
Droits perçus par la Douane :			
1e Catégorie, Coton .... à 20/40 par Qx		P. 1.636.028 15	
2e » Céréales et Graines » 10/40 » » ou Ard.		» 1.533.960 5	
3e » » 5/40 » »		» 55.787 30	
4e » » 20/40 » Colis		» 53.541 20	» 3.279.317 30
Versements faits par le Gouvernorat d'Alexandrie à compte des £ 6.100 de contribution par an			» 515.000 —
Arriéré dû par le Gouvernorat			» 807.833 13
			P. 4.669.211 32

Paiements pour travaux exécutés par des entrepreneurs sur contrats antérieurs à l'exercice courant.

Solde de la rue d'Anastasy		P.	97.250 13	
» » Bab el Abdar		»	102.869 29	
» » Zervudachi au Consulat d'Italie		»	106.389 37	
» » Archevéché et Place de l'Eglise		»	9.704 10	
» » Warcha		»	12.092 2	
» » Porte Rosette		»	149.129 10	
» » Boulevard de Ramlé		»	15.743 18	
A compte des rues autour du marché		»	48.684 20	
3e année d'entretien des rues Gabbary, Tarieh, Ecluses et Ibrahim	P. 77.150 —			
10 0/0 de retenue sur les travaux de ces rues	» 308.216 36	»	385.366 36	P. 927.230 15
Frais et gratifications		P.	23.286 6	
Traitement de l'ingénieur et du contrôleur		»	69.000 —	» 92.286 6

Réparations et Entretien du dallage

Ouvriers et mètres carrés 4.795.56 de dalles neuves	P.	500.264 13	
Curage des égouts	»	60.776 32	
Frais généraux	»	43.290 5	
Frais pour études de travaux à faire	»	3.858 17	P. 608.189 17

Travaux exécutés par la sous-commission

Coût net après déduction des contributions des propriétaires riverains :

Rue Antoniadis	Mèt. Car.	926 94	P.	35.296 25	
Rue du Gaz	»	699 14	»	20.642 30	
Rue du Café des Pyramides	»	1.476 90	»	41.027 14	
Rue de l'Eglise Grecque	»	481 35	»	4.020 25	
Route des Cimetières... Empierrée	»	16.230 —	»	87.719 35	
Route de la Chouna Toussoum Pacha »	»	5.510 —	»	21.254 33	
Réparation du vieux Pont des Ecluses			»	13.653 14	» 223.624 16

Travaux en cours d'exécution

Quai et Rue Amburger	P.	148.884 35	
Quartier de la Place de l'Encan	»	34.727 19	
Rue de la Chouna Cassavetti	»	26.005 15	
Rue du Pirée	»	32.617 22	
Rue de la Porte de la Colonne Pompée	»	1.341 13	
Route du Cimetière Israélite	»	404 10	» 244.970 34

Actif

Travaux de dallage au chemin de fer	P. 360.744 3		
Moins factures remboursées	» 289.493 32	P. 71.250 11	
Nolis avancés sur connaissements de pierres à recevoir		» 24.923 12	
Matériaux et outillage existants		» 232.208 1	
Solde en caisse en dépôt à la douane	P. 1.057.022 27		
Solde en caisse de la sous-commission	» 379.673 —	» 1.436.695 27	
Arriéré dû par le gouvernorat		» 807.833 13	» 2.572.910 24
			P. 4.669.211 32

Le Secrétaire de la Commission
CESARE LUNEL.

Le Drogman-Comptable
SELIM GABBOUR.

Vu et approuvé
La Commission de révision
E. MÜLLER,
E. KLEINMANN,
G. FRAUGER.

MESURE DU DALLAGE FAIT PAR LA COMMISSION MIXTE DE COMMERCE ET MUNICIPALE PROVISOIRE D'ALEXANDRIE.

Quartier de Minet-el-Bassal	Mèt. Car.	Mèt. Car.
Minet-el-Bassal et Minet-el-Charagua, entreprise Storari et Stagni	98.387 98	
Rue Barker	1.270 —	
Rue Dahan	623 17	
Rue Bab-el-Karasta	5.584 35	
Trottoir devant le dépôt de M. Stagni	654 92	
En dehors de la douane	10.046 30	
Rue du Gabbary	10.145 27	
Rue du Tarih	8.914 67	
Rue des Ecluses	4.797 67	
Rue Ibrahim	13.909 59	
Devant la nouvelle Bourse	1.573 —	
Du Pont neuf à la rue Tarih	1.254 —	
Rue Amburger	1.806 86	158.967 78
En Ville		
Rue de la Nouvelle Gare	5.275 —	
Rue de la Porte Moharem-Bey	2.950 80	
Rue Franque	8.570 96	
Rue Tamrazieh	3.919 82	
Rue Abu-el-Abbas	2.458 11	
Rue de la Porte de l'Arsenal	3.924 44	
Achèvement de la Place des consuls	3.147 52	
Achèvement du boulevard de Ramlé	8.592 10	
Devant l'église grecque	297 84	
Rue de l'archevêché et poste égyptienne	3.599 —	
Rue el-Warcha	4.548 81	
Rue de la Porte Rosette	20.897 53	
Rue Bab-el Ahdar	11.608 99	
Rue Zervudachi au consulat d'Italie	8.042 —	
Rue d'Anastasy	6.301 —	
Rue du Marché neuf	1.798 35	
Rue Adib	600 —	
Rue de la Bourse	843 66	
Rue de l'Eglise Grecque	481 35	
Rue Antoniadis	926 94	
Rue du Gaz	699 14	
Rue du café des Pyramides	1.476 90	100.960 26
TOTAL du dallage fait par la Commission.	Mèt. Car.	259.928 04

Report....	Mèt. Car.	259.928 04

Rues dallées antérieurement et dont l'entretien est confié à la Commission

	Mèt. Car.	
Place des Consuls...........................	15.356 —	
Boulevard de Ramlé.........................	3.932 64	
Rue Chérif-Pacha au Théâtre Zizinia..........	10.543 —	
Rue Tewfik-Pacha...........................	4.300 50	
Rue de la Mosquée Attarine..................	5.900 —	
Place Cheik Soliman.........................	525 24	
Rue de la Douane............................	3.245 —	
Rue du Meïdan...............................	5.736 —	
Rue Attarine................................	8.291 26	
Ruelle derrière le Palais de Justice...........	195 —	58.024 64
Total du dallage à entretenir......	Mèt. Car.	317.952 68

Rues en petits pavés

Ruelle de la petite porte de la douane, construite, chaussée en cubettes, trottoirs en dalles.....................................	Mèt. Car.	932 73
Rue et quai de la douane pour l'entretien	»	7.904 35
	Mèt. Car.	8.837 08

Macadam

Rue Sug-el-Gaffasin.........................	Mèt. Car.	1.822 —

Chaussées empierrées

Route des Cimetières européens..............	Mèt. Car.	12.630 —
Route de la Chouna Toussoum Pacha.........	»	5.510 —
	Mèt. Car.	18.140 —
Construction du mur du Quai du Mahmoudieh.	Mèt. Car.	2.394 —
Equivalent à...............................	Mèt. Cub.	20.979 84

ÉTAT GÉNÉRAL

des recettes et des dépenses du 15 mars 1869 au 31 mars 1880.

Perçu du 15 mars au 31 décembre	1869.....	P.	921.595	30
» dans l'année..............	1870.....	»	1.3[illegible]8.172	35
» »	1871.....	»	2.015.372	30
» »	1872.....	»	2.256.966	20
» »	1873.....	»	2.104.575	10
» »	1874.....	»	2.127.575	—
» »	1875.....	»	2.127.086	5
» »	1876.....	»	2.943.066	25
» »	1877.....	»	2.806.997	35
» »	1878.....	»	1.775.657	5
» du 1er janvier au 1er mars	1879.....	»	386.307	35
Rentrée indiquée dans le bilan du 30 novembre 1879.....................		»	589	11
Perçu du 1er mars 1879 au 31 mars	1880.....	»	3.279.317	30
		P.	24.073.280	31
Versé par le gouvernorat à compte de contribution à raison de L.Eg. 6.100 par an à partir du 29 mai 1877 jusqu'au 13 mars 1879.................. ... P. 405.500 — du 13 mars 1879 au 31 mars 1880 » 515.000 —		»	920.500	—
Arriéré dû par le gouvernorat............		»	807.833	13
		P.	25.801.614	4

Sommes payées jusqu'au 1er mars 1879.....	P.	21.132.402	12
» » du 1er mars 1879 au 31 mars 1880..................................	»	2.096.301	8
	P.	23.228.703	20
Actif du bilan.................	»	2.572.910	24
	P.	25.801.614	4

www.ingramcontent.com/pod-product-compliance
Lightning Source LLC
LaVergne TN
LVHW012023170826
845678LV00004BA/1621

9782329625928